BEI GRIN MACHT SICH IHR WISSEN BEZAHLT

- Wir veröffentlichen Ihre Hausarbeit, Bachelor- und Masterarbeit
- Ihr eigenes eBook und Buch - weltweit in allen wichtigen Shops
- Verdienen Sie an jedem Verkauf

Jetzt bei www.GRIN.com hochladen und kostenlos publizieren

Bibliografische Information der Deutschen Nationalbibliothek:

Die Deutsche Bibliothek verzeichnet diese Publikation in der Deutschen Nationalbibliografie; detaillierte bibliografische Daten sind im Internet über http://dnb.d-nb.de/ abrufbar.

Dieses Werk sowie alle darin enthaltenen einzelnen Beiträge und Abbildungen sind urheberrechtlich geschützt. Jede Verwertung, die nicht ausdrücklich vom Urheberrechtsschutz zugelassen ist, bedarf der vorherigen Zustimmung des Verlages. Das gilt insbesondere für Vervielfältigungen, Bearbeitungen, Übersetzungen, Mikroverfilmungen, Auswertungen durch Datenbanken und für die Einspeicherung und Verarbeitung in elektronische Systeme. Alle Rechte, auch die des auszugsweisen Nachdrucks, der fotomechanischen Wiedergabe (einschließlich Mikrokopie) sowie der Auswertung durch Datenbanken oder ähnliche Einrichtungen, vorbehalten.

Impressum:

Copyright © 2018 GRIN Verlag
Druck und Bindung: Books on Demand GmbH, Norderstedt Germany
ISBN: 9783668918757

Dieses Buch bei GRIN:

https://www.grin.com/document/461947

Judyta Zdunek

Marketing in der Fitnessbranche. Standortanalyse und Marktbeschreibung am Standort Dortmund

GRIN Verlag

GRIN - Your knowledge has value

Der GRIN Verlag publiziert seit 1998 wissenschaftliche Arbeiten von Studenten, Hochschullehrern und anderen Akademikern als eBook und gedrucktes Buch. Die Verlagswebsite www.grin.com ist die ideale Plattform zur Veröffentlichung von Hausarbeiten, Abschlussarbeiten, wissenschaftlichen Aufsätzen, Dissertationen und Fachbüchern.

Besuchen Sie uns im Internet:

http://www.grin.com/

http://www.facebook.com/grincom

http://www.twitter.com/grin_com

Marketing in der Fitnessbranche. Marktbeschreibung und –analyse und Marketingplanung.

Inhaltsverzeichnis

1 Marktbeschreibung/ -analyse 3

1.1 Allgemeine Informationen über den Unternehmenstyp 3

1.2 Lage und Standort des Unternehmens 3

1.3 Bestimmung von zwei Marktgebieten 4

1.4 Makroumfeldanalyse und Abschätzung des Marktpotenzials 4

1.5 Wettbewerbsanalyse 6

2 Marketingplanung 7

2.1 Budgetplanung 7

2.2 Kommunikationspolitik 7

2.3 Werbeplanung 9

2.4 Kostenkalkulation/Budgetvergleich bei der Werbeplanung 9

2.5 Synergieeffekte im Rahmen der Kommunikationspolitik 10

3 Abschlussstatement 11

4 Literaturverzeichnis 12

5 Abbildungs- und Tabellenverzeichnis 13

5.1 Abbildungsverzeichnis 13

5.2 Tabellenverzeichnis 13

1 Marktbeschreibung/ -analyse

1.1 Allgemeine Informationen über den Unternehmenstyp

Die Zielgruppe des Studios sind Berufstätige mit einem etwas überdurchschnittlichen, gehobenen Einkommen, beider Geschlechter, in der Altersspanne von 25 bis 26 Jahren. Sie üben eine überwiegend sitzende oder eine rückenbelastende Tätigkeit aus und wollen oder können kaum Zeit für sportliche Tätigkeiten aufbringen. Durch langes Sitzen oder körperliche Fehlhaltung am Arbeitsplatz und dem Mangel an Bewegung kommt es häufig zu Rückenbeschwerden. Beschwerden im Rücken, durch Bewegungsmangel, sind eine immer öfter auftretende „Volkskrankheit". So kann sich das -Studio im Freizeitsport-, Gesundheitssport- und Präventivmaßnahmenbereich positionieren. Im folgenden Schema werden die marketingpolitischen Instrumente mit Produkt- und Distributionspolitik und folglich Preispolitik des Unternehmens aufgezeigt.

Abb. 1: Schema der marketingpolitischen Instrumente (eigene Darstellung)

1.2 Lage und Standort des Unternehmens

Das Studio befindet sich in Dortmund, in der und liegt im Kreuzviertel im Stadtbezirk Innenstadt-West. In unmittelbarer Nähe zum Studio liegen die U-Bahn-Station „Kreuzstraße" und die S-Bahn-Station „Dortmund Möllerbrücke", welche ein wichtiger

Knotenpunkt in der öffentlichen Verkehrsanbindung ist und die schwierige Parkplatzsituation etwas ausgleicht. Der Standort befindet sich zwischen dem Signal-Iduna-Stadion (Fußball-Stadion) und dem Klinikum Dortmund und ist eine sehr beliebte, gehobene Wohngegend. Das Mietniveau ist hoch (Ruhrnachrichten, 2015), wodurch mehr Akademiker/Großverdiener sich in dieser Gegend ansiedeln. Es gibt einige Einkaufsmöglichkeiten und auch die Gastronomie ist vielfältig vertreten im Dortmunder Kreuzviertel. Geschäfts-, Bürogebäude, Schulen, Kindergärten und die Fachhochschule werten die Gegend noch mehr auf.

Der Standort eignet sich für das -Studio hervorragend, da in diesem Gebiet viele Geschäftsleute, Ärzte und Unternehmer arbeiten und wohnen, deren finanzielle Situation auch eine Mitgliedschaft in einem Sportstudio auf höherem Preisniveau zulässt.

1.3 Bestimmung von zwei Marktgebieten

In der folgenden Abbildung werden zwei Marktgebiete mit der Zeit-Distanz-Methode aufgezeigt, da man annimmt, dass Kunden die Standorterreichbarkeit abhängig von der Zeit beurteilen (Schlaffke & Plünnecke, 2017, S. 29).
Mit Hilfe von Google My Maps wurden Marktgebiet 1 (Anfahrtszeit 5-7 Minuten mit dem Auto) und Marktgebiet 2 (Anfahrtszeit 12-15 Minuten mit dem Auto) erfasst. Außerdem sind die zwei stärksten Mitbewerber in der Karte erfasst.

Anmerkung der Redaktion: Abbildung 2 wurde aus redaktionellen Gründen entfernt

1.4 Makroumfeldanalyse und Abschätzung des Marktpotenzials

Der Kaufkraftindex Dortmunds liegt 2017 bei durchschnittlich 91,8 (Michael Bauer Research GmbH, 2017) und ist damit niedriger als der Gesamtindex Nordrhein-Westfalens mit 99,5 (Michael Bauer Research GmbH, 2017). Die Arbeitslosenquote Dortmunds liegt aktuell bei 11,8 (Stadt Dortmund - dortmunderstatistik, 2017), wobei der Stadtbezirk „Innenstadt-West", in dem sich das -Studio befindet, mit 11,3 (Stadt Dortmund - dortmunderstatistik, 2017) etwas besser abschneidet. Die Altersverteilung Dortmunds ist im nachfolgenden Diagramm Prozentual dargestellt. Es sticht ins Auge, dass die (Haupt-)Zielgruppe des -Studios (grüne Säulen) hierbei am größten vertreten ist.

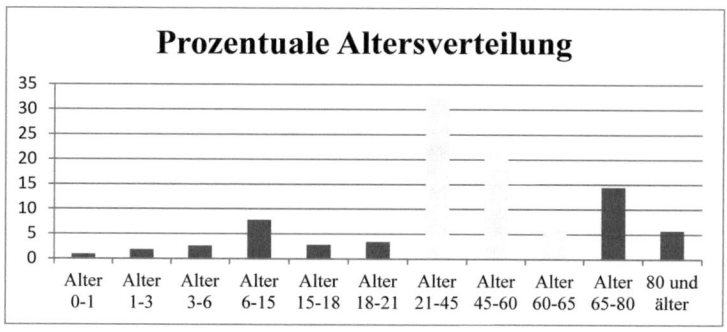

Abb.2: Prozentuale Altersverteilung in Dortmund (eigene Darstellung) (Stadt Dortmund - dortmunderstatistik, 2017)

Das Marktgebiet 1 des Studios erschließt ca. 1/3 der Innenstadt-West, die restlichen 2/3 werden, genau wie die komplette Innenstadt-Ost, ca. 25% der Innenstadt-Nord, ca. 20% vom Stadtbezirk Hörde und Lütgendortmund und ca. 1/3 vom Stadtbezirk Hombruch vom Marktgebiet 2 erschlossen. Aufgerundet ergibt das ca. 17.864 Einwohner im Marktgebiet 1 und ca. 145.046 abgerundet in Marktgebiet 2, im gesamten Marktgebiet also ca. 162.910 Einwohner.

Wenn man annimmt, dass das Marktpotenzial mit 12% kalkuliert wird, wobei Marktgebiet 2 nur mit 70% gewichtet wird, so ergibt sich ein Gesamtmarktpotenzial von rund 14.328 Personen. (Rechnung hierzu: [145.046 x 0,7 + 17.864] x 0,12 = 14.327,544)

Wenn man bedenkt, dass das Studio mit Öffnungszeiten von Montag bis Samstag von 10 – 20 Uhr und höchstens vier Personen/Trainings pro Stunde mit 240 Mitgliedern voll ausgelastet ist, so besteht ein enorm hohes Potenzial in diesem Marktgebiet und ein Einstieg würde sich hier lohnen.

1.5 Wettbewerbsanalyse

Tab. 1: Produktpolitik, Positionierung, Stärken und Schwächen der Mitbewerber

	Anmerkung der Redaktion: Namen der Konkurrenten aus redaktionellen Gründen entfernt	
Produktpolitik	- HIT Training - Konzentration auf das Wesentliche (keine Musik, Bar,…) - medizinische Begleitung	- Krafttraining - Ausdauertraining - Reha-Kurse - Kursvielfalt
Positionierung	- Gesundheitsorientiertes Krafttraining - Gesundheitsdienstleister	- Gesundheitssport - Reha-Sport - Gesundheitsdeinstleister
Stärken	- etablierte Marke auf dem Gesundheitssport-Markt - hochqualifiziertes Personal (unter anderem Ärzte)	- von der Krankenkasse bezahlter Reha-Sport möglich - Kooperationen mit Physiotherapeuten
Schwächen	- nur eine Trainingsmethode (HIT, Ein-Satz-Methode), dadurch kaum Abwechslung - nur isoliertes Krafttraining, kein freies oder funktionelles Training, was das Zusammenspiel der Muskeln fördert	- das als vielfältig deklarierte Kursprogramm besteht Hauptsächlich aus Reha-Kursen, nur 3 Stunden wöchentl.beinhalten Pilates und Powerzirkel - Website (u.a. Design und „News" nicht auf aktuellem Stand)

Das -Studio ist preislich etwas höher angesiedelt, als die Konkurrenten, jedoch ist das Angebot auch kaum vergleichbar. Viele Menschen melden sich in -Studios an, da eine enorme Zeitersparnis und ein enorm effektives Training miteinander verbunden werden. Da ständig ein Trainer direkt mit dem Trainierenden in Kontakt ist, ist die Verletzungsgefahr extrem minimiert und die Motivation sehr hoch.

Das Studio könnte sich deshalb trotz zweier, sehr starker Konkurrenten durchsetzen und unter anderem auch als Gesundheitsdienstleister etablieren.

2 Marketingplanung

2.1 Budgetplanung

Im nächsten Schritt wird nun das Jahresmarketingbudget mit der „Marketingkosten pro Neukunde"-Methode errechnet. Erfahrungsgemäße Marketingkosten liegen für ein -Studio bei ca. 100€ pro Neukunde und die Fluktuation kann aufgrund der Neugründung des Unternehmens vernachlässigt werden. Da im ersten Geschäftsjahr 90 Kunden gewonnen werden sollen, ergibt sich dadurch:

90 (Mitglieder) x 100€ (Marketingkosten pro Kunde) = 9.000€ Jahresmarketingbudget.

2.2 Kommunikationspolitik

Die Vermarktungskampagne soll durch Verkaufsförderung, Werbung, und persönlichen Verkauf stattfinden. Durch die Werbung und den persönlichen Verkauf kann Aufmerksamkeit erregt und der Bekanntheitsgrad des neuen Unternehmens gefördert werden. Hierbei sollte das positive Image des Unternehmens und die persönliche Betreuung der Mitglieder im Vordergrund stehen.

Die Verkaufsförderung, mit Neuanmeldungs-Aktionen, soll auch unschlüssige und skeptische, potenzielle Mitglieder anlocken und überzeugen.

Durch den persönlichen Verkauf knüpft man persönliche Kontakte, zeigt Präsenz und kann direkt auf den Markt, auf Fragen und potenzielle Kunden reagieren. Der persönliche Verkauf wird durch eine Glücksspielaktion mit Glückskeksen durchgeführt. Auf den Zetteln in den Glückskeksen stehen statt Zitaten die Zahlen von 1 bis 3. Die Zahl legt die Anzahl der kostenlosen Probetrainings fest, die der Kunde gewinnen kann. Durch den persönlichen Kontakt können diese Probetrainings direkt terminiert werden, wodurch der Kunde sich möglicherweise verantwortet fühlt, diese Trainings auch wahrzunehmen und so mit größerer Wahrscheinlichkeit erscheint. Für die Verkaufsförderung kommen Plakate/Poster in Einsatz, die auf eine begrenzte Anzahl von Gründungsmitgliedschaften (30 insgesamt) hinweisen. Durch diese Verknappungsstrategie wird die Kaufentscheidung der potenziellen Mitglieder beeinflusst.

In der nachfolgenden Tabelle wird das Konzept der Vermarktungskampagne dargestellt.

Tab. 2: Detaillierte und zeitliche Erläuterung der Kampagne

Aktionsbeschreibung:
Eröffnungskampagne, aufmerksam machen auf das neue -Stusio durch Glückskekse und Gründungsmitgliedschafts-Poster. Die Keks-Verteilung findet durch persönlichen Verkauf/Promotion „auf der Straße" statt.Dazu wird ein internetfähiges Gerät mitgenommen, um sofort zu terminieren. Die Plakate werden von der Stadt abgestempelt und an Anzeigetafeln aufgehangen, sowie in den Firmen, Einkaufsmärkten und gastronomischen Betrieben aufgehängt. Außerdem wird eine digitale Version dieses Posters in das Intranet der jeweiligen Unternehmen eingestellt. Ein Banner wird im Online Magazin veröffentlicht, sowie ein 150cm x 200cm Außenwerbebanner vor dem Studio aufgehängt.
Ziel der Kampagne: bereits zwei Monate nach Eröffnung die 30 Gründungsmitgliedschaften abgeschlossen.
Zeitraum: 02.11.17 – Studioeröffnung am 06.01.18.

Datum	Planung	Wer	bis wann	Stück
02.11.17	Erstellen und Bestellen der Gründungsmitgliedschafts-poster	Personal (intern)	10.11.17	500
02.11.17	Online-Banner gestalten	Personal (intern)	10.11.17	1
02.11.17	Außenwerbung – Mesh Banner in Auftrag geben	Bannerheld.de (extern)	13.11.17	1
02.11.17	Bestellung der Glückskekse	Personal (intern)	13.11.17	600
04.12.17 Und 01.01.17	Publikation des Banners (Westfälische Rundschau, Ortsausgabe Dortmund)	Westfälische Rundschau (extern)	05.01.17	1
04.12.17	Poster abstempeln bei Stadt und aufhängen	Personal (intern)	04.12.17	100
07.-09.12.17	Promotion mit Glückskeksen „auf der Straße" + terminieren mit internetfähigem Gerät	Personal (intern)	09.12.17	400
18.-20.12.17	Posterverteilung an die Unternehmen, Geschäfte, Gastronomie	Personal (intern)	20.12.17	400
18.-19.12.17	Einstellen des Plakats ins Intranet der Unternehmen	Unternehmen (extern)	19.12.17	--------- -
05.01.-06.01.18	Promotion mit Glückskeksen „auf der Straße" + terminieren mit internetfähigem Gerät	Personal (intern)	06.01.17	200

Überprüft wird der Erfolg der Kampagne anhand Statistiken/Rücklaufquoten.
Es werden die Termine für Probetrainings gezählt, die innerhalb des Kampagnenzeitraums vereinbart wurden. Die Probetrainierenden, werden bereits beim ersten Gespräch im Studio nach Ihrer „Werbequelle" befragt.

2.3 Werbeplanung

Die drei gewählten Werbemittel sind für die Eröffnungskampagne Gründungsmitgliedschaftsposter, die an öffentlichen Werbeflächen, sowie in Unternehmen, gastronomischen Betrieben und Einkaufsgeschäften aufgehangen werden, eine digitale Form dieses Posters für das Intranet der umliegenden Unternehmen, auf das alle Mitarbeiter zugreifen können, sowie eine Online-Anzeige/Onlinebanner auf der Internetseite der Westfälischen Rundschau, in der Ortsausgabe Dortmund, welche eine große Leserschaft hat. Außerdem wird ein Außenbanner direkt vor dem Studio am Gehweg aufgehängt, um vorbeifahrende Autos oder Fußgänger auf das Studio aufmerksam zu machen.

Die Poster wurden ausgewählt, da die Hauptzielgruppe in den umliegenden Firmen arbeitet und sich vermutlich des öfteren auf der Arbeit im Intranet über spezielle Angebote informiert. Aber auch nach der Arbeit, beim Vorbeilaufen am schwarzen Brett, beim Mittagessen und Geschäftsessen oder beim Einkaufen nach der Arbeit – möglicherweise sogar mit dem Partner – sticht das Angebot nochmal ins Auge. Je öfter man eine Information sieht, desto besser kann man sich diese merken. Der Online-Banner ist für eine breitere Masse zugänglich, da man sich immer öfter digital die aktuellen Nachrichten ansieht. Zudem wird Online-Werbung interessenspezifisch gestaltet, das heißt, dass Menschen, die Interesse am Thema Fitness/Sport/Gesundheit/Rückentraining haben, diesen Banner mit Information über -Training vorgeschlagen bekommen.

2.4 Kostenkalkulation/Budgetvergleich bei der Werbeplanung

Der Banner soll einmal 5 Wochen vor der Eröffnung und einmal 2 Wochen vor Eröffnung online stehen. Die Kosten betragen hierbei 2.166€ (1083€ pro Woche) (Funke Medien NRW, 2017), sowie ca 2 Stunden Gestaltungszeit durch einen Mitarbeiter (20€). Es werden 500 DIN-A2 Poster durch einen Mitarbeiter erstellt (3 Stunden Arbeitszeit = 30€), bestellt bestellt in Höhe von 90,43€ (Flyeralarm, 2017) und dann 100 Stück durch die Stadt abgestempelt und in der Stadt aufgehängt werden (6 Stunden = 60€). Die restlichen 400 Poster werden von 2 Mitarbeitern an 3 Tagen á 5 Stunden an die umliegenden Unternehmen verteilt/ aufgehängt/in Auftrag für das Intranet gegeben (ca. 300€).

Der Außenbanner wird für insgesamt 94,01€ (inklusive Gestaltung, Mehrwertsteuern und Versandkosten) (Bannerheld, 2017) in Auftrag gegeben und durch einen Mitarbeiter aufgehängt (Arbeitszeit ca. 1 Stunde = 10€).

20% vom Jahresmarketingbudget von 9.000€ stehen für die Werbeplanung der Eröffnungskampagne zur Verfügung, somit wäre das ein Betrag von 1.800€.

Insgesamt kommt man bei den gewählten Werbemitteln allerdings auf Werbekosten von 2.770,44€, was 970,44€ über dem geplanten Budget liegt.

Optimierungsmöglichkeiten wären z.B. (Online-)Anzeigen in kleineren regionalen Zeitungen, die meistens weniger Geld verlangen. Ansonsten wird schon viel Arbeit von Mitarbeitern erledigt und vieles wird online bestellt, da der Onlinehandel meist viel geringere Preise ermöglicht. Die Werbemaßnahmen sind sehr Zielgruppengerichtet geplant, weshalb keine unnötigen Kosten für Flyer oder ähnliches aufkommen.

Die Zielgruppengerichteten Maßnahmen sind effektiver und daher könnte sich das Überschreiten des Budgets lohnen.

2.5 Synergieeffekte im Rahmen der Kommunikationspolitik

Durch eine Kooperation der Unternehmen sind Synergieeffekte möglich. Es können zum Beispiel Kosten gespart werden, indem die gesamte Unternehmensgruppe Werbegeschenke mit selbem Logo gesammelt bestellt (z.B. für Startpakete oder Marketingaktionen während des Jahres), da bei größeren Bestellmengen meistens die Stückzahl sinkt und zum Beispiel auch nur einmalig ein Werbegrafiker bezahlt werden muss. Eine weitere Möglichkeit wäre ein reduzierter Beitrag bei Abschluss eines weiteren Vertrags in der Unternehmensgruppe (z.B. durch Familienmitglieder, Partner,..). Zudem könnte man eine Fluktuation in der Unternehmensgruppe reduzieren, indem man in ein anderes Studio der Gruppe wechseln kann, ohne noch einmal Startgebühren zu bezahlen. Auch bei persönlichem Verkauf/Werbemaßnahmen z.B. bei öffentlichen Veranstaltungen können Kosten gespart werden, Mitarbeiter der verschiedenen Unternehmen können sich z.B. mit der Posterverteilung abwechseln und gleich die der anderen Unternehmen mitverteilen. Zudem könnte man Studenten/Auszubildende auch in die anderen Unternehmen Einblick gewähren lassen und somit die Attraktivität als Ausbildungsunternehmen steigern.

Auf der anderen Seite könnte auch ein negativer Synergieeffekt entstehen, wenn ein negativer Ruf eines Studios sich auf weitere Unternehmen der Unternehmensgruppe überträgt.

3 Abschlussstatement

Die Wettbewerbsituation ist in Dortmund hoch. Es besteht daher das Risiko, dass die Unternehmensgruppe nicht auf die benötigte Anzahl der Mitglieder kommt, bzw. diese nicht erfolgreich halten kann. Um in der Masse der Konkurrenten herauszustechen müsste zudem ein enorm hohes Marketingbudget aufgebracht werden.

Die Synergieeffekte der Unternehmensgruppe könnten hier möglicherweise positiv entgegenwirken.

Das -Studio liegt in einem geeigneten Gebiet, das viele potenzielle Mitglieder aus der Zielgruppe birgt. Aufgrund einer geringen notwendigen Anzahl von Mitgliedern, die für die Vollauslastung benötigt werden und die Möglichkeit, auch für Vielbeschäftigte in der Mittagspause oder nach der Arbeit in nur wenigen Minuten den Körper fit zu halten oder fit zu machen (und das direkt in einem Büro- und Unternehmerviertel), birgt das -Studio gute Erfolgschancen. Dieses passt optimal in den gewählten Standort.

Das Studio im Premium-Segment hat für die kalkulierten Zahlen ein relativ geringes Marktpotenzial. In Anbetracht der Arbeitslosenquote wäre ein Premium-Fitnessstudio vermutlich für diesen Standort nicht geeignet.

Das Sportvereinseigene Studio hat Potenzial, sich zu etablieren, da ein ähnliches im Stadtteil Hormbruch noch nicht existiert. Durch die direkt angebundene Tennisabteilung besteht ein großes Potenzial, diese Mitglieder auch für das Studio zu gewinnen. Lediglich die Ziel-Mitgliederzahl für das erste Geschäftsjahr ist etwas hoch und möglicherweise schwer oder nicht zu erreichen.

Da sich in Hörde kein Gesundheitsstudio o.ä. befindet, es ein aufstrebender Stadtteil ist und sich in unmittelbarer Nähe ein Ärztehaus befindet, ist auch für dieses ein enorm hohes Potenzial vorhanden.

Allgemein ergibt sich eine hohe Attraktivität der Unternehmensgruppe in der Stadt Dortmund. Lediglich das Premium-Studio müsste die Standortwahl oder die Räumlichkeiten und Mitgliederzahlen oder das Angebot etwas überdenken. Die größten Erfolgschancen sind wohl dem Gesundheits- und dem untersuchten Studio zuzurechnen.

4 Literaturverzeichnis

Ruhrnachrichten. (2015). Abgerufen am 25. Oktober 2017 von https://www.ruhrnachrichten.de/Staedte/Dortmund/Das-Kreuzviertel-Dortmunds-In-Quartier-230190.html#BVB

Bannerheld. (2017). Abgerufen am 14. November 2017 von https://www.bannerheld.de/mesh-banner-fix.html

Flyeralarm. (2017). Abgerufen am 14. November 2017 von https://www.flyeralarm.com/de/content/index/open/id/5066/poster.html

Funke Medien NRW. (2017). Abgerufen am 14. November 2017 von http://www.westseller.de/export/shared/.galleries/preislisten/16_1229_Anzeigen-Preisliste2017_42b.pdf

Michael Bauer Research GmbH. (2017). Abgerufen am 07. November 2017 von http://www.mb-research.de/_download/MBR-Kaufkraft-Kreise.pdf

Michael Bauer Research GmbH. (2017). Abgerufen am 07. November 2017 von http://www.mb-research.de/_download/MBR-Kaufkraft-Bundeslaender.pdf

Stadt Dortmund - dortmunderstatistik. (2017). Abgerufen am 07. November 2017 von https://www.dortmund.de/media/p/statistik_3/statistik/00_01_Eckdaten.pdf

Stadt Dortmund - dortmunderstatistik. (2017). Abgerufen am 07. November 2017 von https://www.dortmund.de/media/p/statistik_3/statistik/wirtschaft_1/06_12_Arbeitslosenquoten_Statistische_Bezirke.pdf

Stadt Dortmund - dortmunderstatistik. (2017). Abgerufen am 10. November 2017 von https://www.dortmund.de/media/p/statistik_3/statistik/bevoelkerung/02_01_Bevoelkerung_Geschlecht_Altersgruppen.pdf

Schlaffke, W., & Plünnecke, A. (2017). *Studienbrief Marketing I.* Saarbrücken: Deutsche Hochschule für Prävention und Gesundheitsmanagement.

5 Abbildungs- und Tabellenverzeichnis

5.1 Abbildungsverzeichnis

Abb. 1: Schema der marketingpolitischen Instrumente (eigene Darstellung) 3
Abb. 2: Prozentuale Altersverteilung in Dortmund (eigene Darstellung) (Stadt Dortmund - dortmunderstatistik, 2017) 5

5.2 Tabellenverzeichnis

Tab. 1: Produktpolitik, Positionierung, Stärken und Schwächen der Mitbewerber 6
Tab. 2: Detaillierte und zeitliche Erläuterung der Kampagne 8

BEI GRIN MACHT SICH IHR WISSEN BEZAHLT

- Wir veröffentlichen Ihre Hausarbeit, Bachelor- und Masterarbeit

- Ihr eigenes eBook und Buch - weltweit in allen wichtigen Shops

- Verdienen Sie an jedem Verkauf

Jetzt bei www.GRIN.com hochladen und kostenlos publizieren